JELALUDDIN AN JOCK

tanka versions of Rumi in scots

BY

JOHN McDONALD

Dedication:

To my good wife Ann, our children and their families.

'WHAT YOU ARE SEARCHING FOR IS YOU'

RUMI.

#

Yon yin
whae fleeds ma beild,
nips sloom,
cowps me,
yon yin's the blitheness a threep.

#

a think on ye
an smush the gless,
nou
a'm naither fou nor fresh,
jiggin, gyte.

#

drouthies dree the polis,
whae'r drucken an aw -
toonies lou baith:
yin
an yang.

\#

nicht:
fowk dover lik fush,
syne day,
sum hyst thair graith
ithers cum the darg itsel.

\#

burdsang gies easement,
a'm blythefou tae, bit dumb -
God
please mou a sang
throuch me!

\#

fou o ye: bluid, bane,
harns'n sowl,
nae scowth fir truist
or want o't,
naethin here bit you.

\#

drumsoond:
the hert's stoond
Ilka beat a vyce:
'a ken ye're duin,
bit cum, here's the wey'.

\#

dinnae fash
ower tint sangs
or tasht fiddles -
we're in an airt nou
whaur awthing's maisic

\#

gliskin ye a'm hail,
yer absence
leaves me wantin -
naebody a ken
desers this.

#

the rose lauchs
it ma govein,
ma spierin: 'whit daes A ROSE mean,
an whae awns it
whitivver it means'?

#

sic drouthies -
kegs tasht, girss
sodden aneath the sterns,
an leuk!
this fou gless i ma haun.

#

the nicht,
a ceilidh:
jupiter, muin,
an masel -
billies a've been reengin fir.

\#

news fund a gate
atween vyce an bein   -
guidal quate
apens it
lowse threep steeks it.

\#

deavit, tortert,
a bund gyte,
this hert -
yit yer aye brakkin
the shall tae pree the nit.

\#

Christ is the warl
an awthing in't
nae scowp fir pit-on -
why sain wi wersh bree,
here's douce watter?

#

we're sae thrang freen,
feel me stieve
ablow yer feet - hou then dae
a glisk the warl
an no you?

#

lat the luver be unco,
a fresh yin'll
jalouse the warst,
lat the luver
alane.

#

burdsang,
wund,
the watter's neb -
myndin the fume o ilka flooer
a ken ye're nearhaun.

\#

yon wine bann't here
gies life tae the sowl,
fou up on't,
foryet the morn,
thair is nae stert or en.

\#

brennin wi awid-lowe,
tae dover on yer doorstane -
this life
is warslin
tae be wi ye.

\#

sumhin gars us flee,
sumhin
gars hert-sair tae vainish,
sumyin fous oor cup -
we pree haliness.

\#

kneelt afore ye
as it an altar
ilka hecht a ivver makkit
a brak
in gliskin ye.

\#

ye threep,
a lauch,
corps cum tae -
a ettle no tae gabber the day,
tho awthegither forewandert.

\#

ma bunnet,
jaiket, heid,
threy fir a plack -
ma sel, ma nem
no tae be threepit, wirth naethin.

\#

bein an non-bein's
a fause face -
the warl's life
isnae
in the warl.

\#

gane,
inner, ooter, lift an grun -
poor the wine
straucht tae ma mou
a've tint the wey tae ma mou.

\#

fou muin waukent
an keekin roun the lum,
myndin us it's
no time tae dover
or tae booze.

\#

when greenin's sherp
an reid sair
we walcome yer dool -
bit dinnae
fesh yer ego.

\#

the nicht
it's aw wine
an maisic - a ceilidh,
yin thingum's bann't, juist yin:
sloum.

\#

twa hauns, twa feet, twa een,
braw!
bit oor luvin, Freend,
maun be yin,
or'ts 'Jew,' 'Christian,' 'Muslim'.

\#

a gie mense
tae the
truith-reengers,
whae tuim the sel
an hae nocht bit clair bein thair.

\#

God kens,
a dinnae,
whit uphauds me lauchin -
the flooer muives
whan the err muives.

\#

whae threeps:
' God an sin'r deid?' -
yin frae the ruiftap wi steekit een
girnin:
'a glisk nowt'!

\#

awid tae lowp
oot o this ego
an hunker apairt -
ower lang a've bid
whaur a'm eithly fund.

\#

awa frae ye
a'm aye greitin -
a'm lik a caunle moutenin
lik a herp,
onie soond a mak's maisic.

\#

this ego:
thrawn, drucken, ill mou'd
ma luvin: kittlie, fuffie -
tak news frae yin tae tither,
back an fore.

\#

the Freend
cums intil ma bodie
reengin fir'ts mids -
yissless, he pous a bled,
stugs oniewhaur.

\#

the Freend
kythes clappin,
plain an mirk
nae dreid nor ploys -
a'm lik a am, cause this yin's lik that.

\#

whit's this unco day:
twa sins i the lift
an a muckle vyce threepin:
'Here it is, browden beins,
yer day!'

\#

oor een dinnae glisk ye:
een glisk the scruif no the rael
tho
we're howpfu
i this bonnie airt.

\#

athoot ye
roses'r aw breer
paycock's eggs fou o snakes,
the fiddle timmer,
an heichest heiven hell!

\#

nicht retours hame,
awbodie daes whiles -
nicht whan ye git thair
threep tae thaim
hou a lou ye.

#

frae naewhaur
a cuddy brocht us
tae pree luve syne retour -
this pree's the wine
we aye mou aboot.

#

yin whae glisks ye an disnae
lauch,
faw quate,
or puff apairt,
is nocht bit the stane o's ain jyle.

#

aw nicht hurtsome blether:
dernt saicrets
o luvin an no luvin -
this nicht'll weir in,
syne we've wark tae dae

\#

i the bourach o luve
they ding doun the brawest -
dinnae stoor awa frae deein,
whaeivver's no dung doun fir love
is ket.

\#

whan luve raxes tae the core:
sic ootstrikins - the universe
cums yin speeritual theeng,
sae semple!
luve mellin wi spreit.

\#

days seeve the spreit:
alang wi the dross, the licht
kythes, o sum whae fling
thair ain sheenin
intae the universe.

\#

the nicht, clair oot the orrals -
yestreen we liggit tentie o yer
yin sonnet o bein in luve,
we liggit aroon ye
donnert lik the deid.

\#

gless o wine in haun a cowp ower,
syne heave up, deezie,
syne doon aince mair wrackt,
no here onie mair,
yit here, strang, fresh, aye staunin.

\#

this nicht raxes fir aye
lik a lowe brennin inby the Freend -
kennin this is blytheness,
foryettin it is dool,
an want o smeddum.

\#

Noah's boatie stravaigin
the ocean: eemage o oor speshie -
a plant growes deep i the mids
o that watter,
it hus nae furm nor steid.

\#

the nicht is the sense o nicht,
speirin an whit the speirin wants,
hertieness an the gied,
sumhin threipit back an fore,
wi God!

\#

we dinnae need wine tae git fou,
nor a ceilidh tae be awa wi't,
nae makars, heid yins, nae ballants,
yit we lowp aboot
gallus lik.

#

dinnae chuse the shall ower the nit,
the bodie hus inner weys: the senses,
spleet thaim apen
an the Freend kythes,
spleet apen the Freend an becum the Aw-Yin!

#

whan a dee ligg oot the corp -
gin ye want tae pree the lips
a'ready mirlin,
dinnae be feart
gin a apen ma een

#

inby the muckle meestery
we awn nowt -
whit wey then the competeetion,
afore we gae yin bi yin
throuch the samen yett?

GLOSSARY

Apens: opens
Aye: always
Airt: direction/area
Atween: between
Awthing: everything
Awn: own
Awid-lowe: longing fire

Bourach: shambles
Bid: stayed
Brennin: burning
Bunnet: bonnet
Bree: soup
Bodie: body
Browden: enamoured
Brakkin: breaking
Bund: bound
Blythefou: blissful
Bluid: blood
Billies: friends/mates
Bannt: forbidden
Beild: shelter
Baith: both
Ballants: ballads/songs

Cum: become
Clair: clear
Caunle: candle
Corps: corpses

Cuddy: horse
Ceilidh: singalong
Cowp: tumble/fall

Darg: work/job
Drucken: drunken
Deavit: demented
Douce: sweet
Dinnae: don't
Dernit: hidden
Dool: sorrow
Dover: doze
Daes: does
Duin: exhausted
Ding doun: kill
Desers: deserves
Drouthies: drunks
Dree: fear
Dreid: dread
Donnert: stunned
Deezie: dizzy

Easement: relief/comfort
Err: air
Eithly: easily
Ettle: endeavour

Fash: fuss
Fesh: fetch
Fund: found
Forewandert: /lost wandering
Fleeds: floods
Foryet: forget

Fou: drunk
Fause-face: mask
Fresh: sober
Fume: perfume
Fuffie: impatient

Graith: tools
Greenin: longing
Gabber: chatter
Gies: gives
Girnin: moaning
Grun: ground
Gate: road
Gliskin: glimpsing
Greitin: crying
Guidal: guided
Govein: gazing
Gars: makes
Girss: grass
Gyte: mad
Gallus: wild

Hyste: raise
Hunker: sit
Hecht: promise
Harns: brains
Herp: harp
Hertieness: generosity

Ilka: each
Isnae: is not
Itsel: itself

Jiggin: dancing
Jyle: jail
Jalouse: guess/imagine

Ken: know
Keekin: peeping
Kittlie: sensitive
Kep: carrion
Kythes: appears

Lowp: leap
Lift: sky
Lowse: free
Lauchs: laughs
Leuk: look
Lou: love
Ligg: lie

Moutenin: melting
Maisic: music
Mirlin: decaying
Muckle: huge
Mou: mouth/say
Masel: myself
Mirk: obscure/dark
Mellin: mixing
Mids: centre
Mense: honour/respect

Neb: face/nose
Nit: nut
Nips: steals
Naither: neither

Nowt: nothing
Nearhaun: close by
Nem: name

Ower: over
Ootstrikins: eruptions
Orrals: remnants

Pree: taste/kiss
Pit-on: hypocrisy
Plack: penny
Poor: pour
Pous: pulls
Plain: obvious
Ploys: plans
Polis: police
Paycock: peacock

Quate:quiet

Rael: real
Retour: return
Raxes: stretches/forces
Reid sair: very sore
Reengin: ranging/searching

Sin: sun
Stugs: stabs
Scruif: surface
Stoor: rush
Speirin: asking
Sodden: soaking

Sterns: stars
Seeve: sieve
Sheenin: shining
Sonnet: story
Sloum: slumber/sleep
Smeddum: courage
Settin: plant
Stravaig: wander
Steid: foundation/site
Speshie: species
Sense: essence

Tint: lost
Tuim: empty
Tasht: destroyed
Truith-reengers: truth seekers
Throuch: through
Truist: trust
Threep: speak
Tortert: tortured
Tae: too
Toonies: town dwellers
Thrang: determined
Threy: three
Timmer: tuneless
The nicht: tonight

Uphauds: sustains
Unco: unruly

Vyce: voice

Whaur: where
Wantin: miserable
Wey: way
Wirth: worth
Weir in: pass
Wersh: bitter
Warslin: wrestling
Want: lack
Wrackt: demolished

Yissless: useeless
Yestreen: yesterday
Yett: gate

9 789390 202294